UN PROCÈS

ENTRE

Deux Seigneurs Haut-Justiciers

(VALMONT ET CANY-CANIEL)

AU XVIIIe SIÈCLE

Par le Comte d'ESTAINTOT

A. LESTRINGANT

LIBRAIRE DE LA SOCIÉTÉ DE L'HISTOIRE DE NORMANDIE

11, rue Jeanne-Darc, 11,

ROUEN

—

1891

UN PROCÈS

ENTRE

DEUX SEIGNEURS HAUT-JUSTICIERS

(VALMONT ET CANY-CANIEL)

AU XVIIIe SIÈCLE

UN PROCÈS

ENTRE

Deux Seigneurs Haut-Justiciers

(VALMONT ET CANY-CANIEL)

AU XVIIIe SIÈCLE

Par le Comte d'ESTAINTOT

A. LESTRINGANT

LIBRAIRE DE LA SOCIÉTÉ DE L'HISTOIRE DE NORMANDIE

11, rue Jeanne-Darc, 11,

ROUEN

—

1891

UN PROCÈS

ENTRE

DEUX SEIGNEURS HAUT-JUSTICIERS

(VALMONT ET CANY-CANIEL)

Au XVIIIe Siècle

Tous ceux qui ont pénétré dans nos anciens chartriers
ont fait sans doute une remarque qui nous a toujours
frappé : jamais les droits féodaux ne furent l'objet
d'études plus minutieuses, et les archives des seigneurs
ne furent mis en plus bel ordre que dans la seconde
moitié du xviiie siècle. Les mouvances sont relevées
avec un soin méticuleux, des plans soigneusement faits
en déterminent l'assiette, des papiers terriers réunissent
à l'appui de chaque numéro du plan l'indication de tous
les titres du chartrier qui s'y rapportent, les gages-
plèges sont tenus avec une régularité redoutable pour le
tenancier négligent, les amendes de non-comparence

sont prononcées par les sénéchaux et rigoureusement recouvrées ; une profession nouvelle apparaît, celle de *feudiste* (1). Il en résulta un redoublement de procédures et sans doute un surcroît d'impopularité pour les droits qu'elles prétendaient sauvegarder. Tout légitimes qu'ils étaient, car ils avaient fait l'objet de mutations successives, payées à beaux deniers comptants, ils avaient au moins le tort grave de compliquer les transmissions de propriété d'une série d'obligations, dont le sens avait fini par échapper, et leur résultat le plus apparent était de provoquer des débats multiples et parfois inextricables, pour des intérêts pécuniaires insignifiants.

J'ai essayé d'étudier l'un de ces procès. Il a un intérêt local, puisqu'il s'est débattu entre deux grandes seigneuries de notre pays de Caux : le duché d'Estouteville et la châtellenie de Cany-Caniel. Il se référait à l'un des droits féodaux, sinon les plus productifs, car il n'était la plupart du temps qu'une charge pour le seigneur, du moins les plus ambitionnés, à cause des privilèges honorifiques qui en résultaient ; je veux parler du droit de haute justice, et il m'a semblé qu'en dépouil-

(1) Nous lisons dans une *Ordonnance de MM. les Lieutenants généraux civil et criminel du Bailliage de Rouen.....* du 8 octobre 1781 (Rouen, J. Jos. Le Boullenger, 1781, in-4o, 16 p.), l'exposé du procureur du roi avec le passage suivant :

« ... Depuis environ trente ans, les seigneurs ont fait renouveler leurs titres par des gens d'affaires qui ont pris la qualité de feudistes. Les feudistes, dont auparavant on n'avait aucune idée en cette province, jaloux d'étendre les mouvances de leurs maîtres,... etc... »

lant les deux volumineux mémoires (1) que j'avais sous
les yeux, je ferais connaître à ceux qui auraient le courage de me suivre, un aspect peu connu de l'organisation
sociale au milieu de laquelle ont vécu nos pères.

I

LES HAUTS JUSTICIERS

Je dois d'abord présenter les hauts et puissants seigneurs dont je vais raconter le procès.

Le plus qualifié d'entre eux prenait le titre de *Seigneur du Duché d'Estouteville*, c'était très haut et
très puissant prince Monseigneur Honoré-Camille-Léonore Grimaldi, prince de Monaco, duc de Valentinois,
pair de France, comte de Thorigny et de Carladès, marquis des Baux, maréchal des camps et armées du roi.

Malgré sa désinence italienne, il était Normand de
vieille souche, issu en ligne masculine de ces Matignon,
comtes de Thorigny, dont le nom se retrouve à chacune
des pages de notre histoire de Normandie, et qui, notamment au XVIe siècle, comme gouverneurs particuliers de
la province et de la ville de Rouen, furent si étroitement
mêlés aux luttes religieuses de l'époque.

(1) SOLUTION *que donne Honoré-Camille-Léonore Grimaldi...*
AU MÉMOIRE signifié par *Messire Anne Louis-Roger de Becdelièvre.....*

Rouen, L. Dumesnil, 1776, 289 p. in-4⁰

*Observations sommaires du prince de Monaco pour servir de
réfutation au troisième mémoire de M. de Cany.*

Rouen, L. Dumesnil, 1778, 46 p. in-4⁰.

Des lettres patentes de 1715 avaient autorisé leur changement de nom, et les substituaient éventuellement au nom et aux droits de souveraineté de la maison de Monaco.

Elles sont rapportées dans un fascicule in-folio de 23 pages, imprimé par Paulus Dumesnil, à Sainte-Croix en la Cité, sous cet intitulé : *Titres concernant le Duché-Pairie de Valentinois et les autres terres de la maison de Monaco en France.*

On y trouve reproduit d'abord : le traité fait à Péronne, le 14 septembre 1641, avec le prince Honoré de Monaco. Le roi Louis XIII en indiquait les raisons dans ses lettres d'attache du 11 janvier 1643, en ces quelques lignes que nous éprouvons une certaine satisfaction patriotique à reproduire, car elles exposent fièrement la politique traditionnelle de la monarchie.

« Un chacun connoissant que le principal but de nos armes est d'assister, défendre et protéger les États et peuples qui se trouvent oppressez et maltraitez, quelques uns ont eu recourt à nous pour être soulagez et maintenus contre la violence qu'on leur faisoit ; entre lesquels notre cher et bien amé cousin le prince de Monaco, nous ayant fait proposer il y a quelque temps de se mettre avec toute sa maison et son état en notre protection, et pour marque de la confiance qu'il a en la justice et la sincérité de notre procédé, recevoir dans sa place de Monaco une garnison française, au lieu de celle d'Espagne qui y étoit cy-devant, nous avons eu agréable de lui accorder les articles qui sont cy attachés sous le contresel de notre chancellerie... »

Ce fut en exécution de ce traité, et pour indemniser le prince de Monaco des sacrifices qu'il avait dû faire, que le roi érigeait à son profit, par lettres patentes de mai 1642, le duché-pairie de Valentinois, en assurant le titre sans la pairie aux princesses de cette maison, par autres lettres patentes de janvier 1643 ; plus tard, en considération du mariage de la princesse Louise-Hippolyte Grimaldy avec le comte de Thorigny, Louis XV, par lettres patentes de décembre 1715, confirma l'hérédité de la duché-pairie de Valentinois en faveur du comte de Thorigny et de leurs descendants.

Voici comment y sont résumés les services rendus à la France par la maison de Matignon :

« ... Maison ancienne et illustre, toujours inviolablement attachée à notre service et à celui des rois nos prédécesseurs, qui a possédé en Bretagne, dont elle est originaire, les premières dignités du temps des ducs, celles d'amiral, de maréchal et de grand chambellan. Jean, sire de Matignon et de la Roche-Gouyon, baron de Thorigny, chambellan du duc de Bretagne, ayant eu l'honneur de signer, comme parent de Marguerite de Bretagne, fille du duc François, dans un contrat de mariage de l'an 1455, avec François de Bretagne, comte d'Estampes, depuis duc de Bretagne, sous le nom de François II ; Bertrand, Ier du nom, sire de Matignon, ayant épousé, en l'an 1325 Jeanne de Bretagne, et depuis 1491 que la Bretagne a été possédée et réunie par les rois nos prédécesseurs, par le mariage d'Anne, duchesse de Bretagne, avec le roi Charles VIII, ils ont mérité par leurs services de remplir les premières dignités de ce royaume. Sous Louis XI et sous Charles VIII, ils ont possédé la charge de grand écuyer de France. Jacques de Matignon, célèbre par les grands services qu'il rendit à l'État sous le règne des rois Henri II, Henri III et Henri IV, fut fait maréchal de France en 1579, chevalier des ordres du roi en 1587, et gouverneur de la province de Guyenne en 1589, pour le roi Henry III, et fit la fonction de connétable de France, au sacre du roi Henri IV, en 1594. Enfin, par les alliances illustres où cette maison a l'avantage d'être entrée, le sr comte de Thorigny a l'avantage d'être issu en droite ligne des maisons de Chalons, de Bourgogne, d'Hocberg, d'Orléans-Longueville, de Rohan, d'Estouteville, de Luxembourg, de Bretagne, de Savoye et de Bourbon ;

Jacques, comte de Matignon, son père, étant arrière petit-fils de Marie de Bourbon, fille de François de Bourbon, prince du sang de France, oncle d'Antoine de Bourbon, roy de Navarre, duc de Vendôme et prince de Béarn, père du roy Henry IV, notre quatrième ayeul... »

Nous avons raconté ailleurs (1) comment Jacques de Goyon-Matignon, comte de Thorigny, chevalier des ordres, avait été appelé à la succession de la duchesse de Nemours, Marie d'Orléans-Longueville, décédée en 1707, et ce en qualité de petit-fils d'Eléonor d'Orléans, duc de Longueville, et de Marie de Bourbon-Saint-Paul-Estouteville; nous avons rappelé comment une transaction du 4 mars 1712 lui assura la possession du duché d'Estouteville, comment sa substitution au nom et armes des Grimaldy (2) le mit dans l'impossibilité de prendre ceux d'Estouteville conformément aux clauses du contrat de mariage d'Adrienne d'Estouteville (3) avec le comte de Bourbon-Saint-Paul, et par suite l'exposa, en 1731, à un curieux procès avec Paul-Edouard Colbert, comte de Creuilly, qui prétendit relever le titre et le nom du duc d'Estouteville, et fit même sommation au prince de Monaco de lui délaisser le duché.

Ce procès ne devait pas aboutir, mais il explique pourquoi le prince, quoique descendant des d'Estouteville et possesseur du duché de ce nom, ne put jamais se

(1) *Recherches sur les sires et le duché d'Estouteville.* Caen, Hardel, 1861, p. 21.

(2) Les Matignon écartelaient au 1 et 4, *d'argent au lyon rampant de gueules couronné d'or*, qui est de Goyon-Matignon au 2, d'Orléans-Longueville au 3, de Bourbon-Saint-Paul.

Les armes de Grimaldy étaient : *fuselé d'argent et de gueules.*

(3) *Ibidem*, p. 14.

qualifier duc, mais simplement seigneur du duché d'Estouteville.

Ce fut à l'occasion de la haute justice dépendant du duché que fut soulevée la difficulté dont nous avons à rendre compte.

Nous connaissons maintenant l'une des parties en cause.

L'autre, quoique moins qualifiée, n'en était pas moins un fort gros seigneur.

Il s'intitulait haut et puissant seigneur Messire Anne-Louis-Roger de Becdelièvre, chevalier, seigneur de Cany-Barville, marquis de Quevilly et d'Hocqueville, châtelain haut-justicier de Cany-Canyel et Canville, seigneur-patron et châtelain de Grainville-la-Teinturière et autres lieux, chevalier de l'ordre royal et militaire de Saint-Louis, mestre de camp de cavalerie et ancien officier de la première compagnie des mousquetaires gris de la garde ordinaire du roi.

Comme les Matignon, les Becdelièvre tiraient leur origine de Bretagne. Quoique d'une noblesse moins ancienne et moins illustre que les Matignon, ils s'étaient également distingués par de grands services. Le premier de leur race qui se fixa en Normandie, s'était d'abord signalé aux guerres d'Italie sous Louis XII, et avait momentanément rempli la charge de podestat et gouverneur d'Alexandrie. Plus tard, conseiller en l'Échiquier de Normandie, en 1511, il devint la souche d'une longue série de magistrats éminents, membres des cours souveraines de notre province, premiers présidents de la cour des aides, présidents à mortier, d'officiers généraux, alliés aux familles les plus distinguées et qui ont eu le suprême honneur que leurs.deux dernières descendantes ont épousé les deux derniers représentants de l'illustre maison de Montmorency, dans la branche des ducs de Piney et de Luxembourg.

II

LES HAUTES JUSTICES

Maintenant que les parties en cause nous sont connues, nous allons parler de leurs hautes justices.

Le prince de Monaco déclarait prendre le fait et cause de son procureur fiscal au duché d'Estouteville ; le marquis de Cany, celui de son procureur fiscal en la haute justice de Cany-Caniel (1)

---

(1) Le *tableau de Rouen* de 1778, p. 444 et 469, nous donne les noms des officiers de ces deux juridictions.

CANY-CANIEL ET CANVILLE

Créée en 1370, fondée aux droits du roi à titre d'échange.

Bréard, bailly à Beuseville (lisez Benesville).

Couture, procureur fiscal à Vittefleur.

N., greffier.

Avocats : Mes Fauconnet père et Fauconnet fils, à Saint-Vallery, Phili, Yger et Bessey, à Cany.

VALLEMONT

MM. Cherfils, l'aîné, bailli et procureur du roi au bailliage de Cany, à Cany.

Lemire, lieutenant à Fécamp.

Phili, Péré, Yger et Cherfils le jeune, à Cany.

Lennd, à Yvetot.

M. Frebourg, greffier et notaire à Vallemont.

L'audience le mercredi.

Quelle était l'origine de ces hautes justices ?

Celle du duché d'Estouteville ne remontait pas plus haut que la seconde moitié du xve siècle. En récompense des services rendus à la couronne lors de la reprise de la Normandie sur les Anglais, le roi Louis XI, par lettres patentes de mars 1479 (1), en avait doté les seigneuries que Louis d'Estouteville, grand sénéchal de Normandie, possédait au pays de Caux. C'étaient alors notamment les châtellenies de Valmont et des Loges, les baronnies de Cleuville et de Hotot-sur-Dieppe.

Plus tard, en 1534, lorsque l'héritière de la branche aînée de cette maison donna sa main à un prince du sang royal, Antoine de Bourbon, comte de Saint-Paul, cette concession de haute justice se trouva singulièrement amplifiée, par les lettres patentes qui érigèrent en duché d'Estouteville et réunirent en un seul fief toutes les seigneuries qu'elle apportait en dot.

Il nous semble utile de donner intégralement une partie de leur texte. Il a le mérite de préciser nettement les droits que comportait l'érection d'une haute justice, et de faire connaître, par un exemple signalé et tout normand, les formalités qu'entraînait l'exécution de cette concession royale.

« ... Laquelle nous avons par ces memes présentes créée et érigée, ordonnée et établie en tout ledit duché, créons, érigeons, ordonnons et établissons, perpétuellement et à toujours mais en tout droit de haute justice, mère et mixte, impère et toute autre jurisdiction, et icelle haute justice donnée et donnons de notre dite grâce puis-

(1) *Recherches sur les sires et le duché d'Estouteville*, p. 85.

14

sance et autorité par lesdites présentes en faveur que dessus à nos
dits cousin et cousine et leurs successeurs, pour l'exercice de laquelle
justice et juridiction voulons que nosdits cousin et cousine et leurs
dits successeurs puissent ériger, créer et instituer un bailly, un
vicomte, avocats, procureurs, greffiers, sergens, tabellions, maitres
des eaux et forêts, verdiers, sergens et tous autres officiers de justice.
et puissent èsdits lieux faire dresser et lever justices patibulaires —
auquel *vicomte* appartiendra la connoissance en premières instances
de toutes les causes et querelles quelles qu'elles soient afferaus et
appartenans à office de vicomte selon us et coutume de notre païs de
Normandie qui pourront soudre et se mouvoir audit duché *entre les sujets et tenants d'iceluy, tant noblement que roturierement par fief
ou arrière-fief*, et par *ressort* devant *ledit bailly* — auquel *bailly*
en première instance appartiendra la connoissance des cas dont les
baillis de notre dit païs ont la juridiction *tant en matières civiles
que criminelles*, hors *les cas royaux* et ceux dont la connoissance
appartient à nos juges par prévention ainsi que dessus est dit — et
*dudit bailly en dernier ressort à notre Cour de parlement de
Rouen*, ou *aussi ressortiront sans moyen* les appellations du maître
des Eaux et forêts — et en outre entendons et voulons que les appellations des sénéchaux (1) des sujets dudit duché d'Estouteville ressortissent respectivement par devant les vicomtes et bailly dudit duché,
selon que de la nature desdites causes la connoissance par la coutume du pays leur doit appartenir, sans ce quils puissent être relevez
ni pledoyez par devant nos baillis et vicomtes ausquels en avons
interdit et défendu la juridiction et connoissance... (2). »

Cet extrait, si long qu'il soit, serait cependant incomplet si nous ne profitions de l'occasion qu'il nous offre
de préciser comment fut définitivement installée cette
haute justice.

Le parlement avait à enregistrer les lettres patentes
d'érection, après enquête et information régulières; il

(1) Les sénéchaux étaient les juges institués dans les fiefs jouissant
du droit de moyenne et basse justice

(2) Relevé sur un cahier imprimé de 20 p. in-f°. s. n. n. l., p. 2

avait à déterminer, pour le plus grand avantage des justiciables, l'assiette de la nouvelle haute justice ; on y
procéda avec une sage lenteur. L'arrêt d'information est
du 12 septembre 1534 ; celui qui détermina le siège des
juridictions ne fut rendu que le 18 mai 1537.

Le chef et siège principal de la juridiction fut établi
au bourg de Vallemont pour le bailly, le vicomte et le
maître des Eaux et Forêts ; mais, pour la commodité des
justiciables, deux autres sièges particuliers furent créés
aux dits officiers, l'un aux fauxbourgs de Montivilliers,
l'autre près Dieppe, au bas de Hotot, au bourg et lieu
d'Appeville, avec un siège de vicomte à Fauville, un
siège de verderie aux Loges ressortissant par appel au
maître des Eaux et Forêts, et obligation pour le duc
d'Estouteville, d'établir en chacun desdits sièges « cohue
et auditoire... avec prisons et autres choses requises et
nécessaires pour le fait de la juridiction et obeissance de
justice. »

Un certain nombre de vassaux furent, malgré le texte
des lettres patentes, maintenus dans le ressort des juridictions où ils avaient jusque-là coutume de plaider. Ce
furent ceux qui étaient du ressort des bailliages de Rouen
et Gisors.

Mais l'arrêt de 1537 n'était qu'un préliminaire, il
fallait déterminer pour chacun des sièges créés, à Valmont, à Fauville, à Montivilliers et à Appeville, comment les diverses mouvances seraient réparties entre
eux ; ce fut l'objet d'une information spéciale à laquelle
furent préposés le président Robert de Villy et le conseiller Geoffroy de Manneville ; ils se transportèrent aux

différentes localités, et dans des procès-verbaux où sont rapportés tout au long les proclamations faites, aux différents marchés et paroisses du bailliage par les sergents royaux, ils déterminèrent les sièges auxquelles ressortiraient les mouvances du duché (1), le dernier de ces

(1) Nous avons cherché à dresser, par ordre alphabétique, d'après le procès-verbal des commissaires, le tableau exact des paroisses comprises dans le ressort de chaque siège (Imprimé in-f°, p. 10).

Valmont

Ancretteville-sur-Mer, Angerville, Angiens, Adserville, Auberville-sur-Lillebonne, Auberville-la-Manuel, Baigneville, Barville, Becaux-Cauchois, Bec-de-Mortagne, Bénarville, Berteauville, Bertreville, Beuzeville-la-Guerard, Bondeville-sur-Fécamp, Bosville, Butot, Buyville, Cany, Clasville, Colleville, Cricqueville, Drozay, Froberville, Grainville, Gueutteville, Harcanville, Igneauville, Lanquetot, Les Loges, Saint-Léger-sur-Fécamp, Saint-Maclou-de-la-Bruyére, Saint-Martin-aux-Buneaux, Mauteville, Nointot, Normanville, Ouainville, Saint-Ouen-au-Bosc, Ourville, Reutteville, Riville, Romesnil, Sassetot, Sasseville, Selletot, Theuville-aux-Maillots, Thiouville, Tiergeville, Tiétreville, Tocqueville, Trémauville, Valmont, Vattecrist, Vattetot-sous-Beaumont, Venesville, Vinemerville, Vinemesnil.

Fauville

Ancourteville-sur-Héricourt, Anveville, Anvronville, Auberbosc, Autretot, Auzebosc, Bellefosse, Bennetot, Beuzemouchel, Bolbec, Bolleville, Cleuville, Cliponville, Saint-Denis-d'Héricourt, Doudeville, Estalleville, Fauville, Hanouart, Hattenville, Hautot-Saint-Sulpice, Hautot-le-Vatois, Hermanville, Louvetot, Sainte-Marguerite, Saint-Nicolas-de-la-Haie, Saint-Pierre-la-Vis, Raffetot, Rames, Saint-Riquier-de-Héricourt, Rocquefort, Routes, Reuville, Sommesnil, Troudeville, Valliquerville, Yébleron, Yvetot.

Montivilliers

Saint-Barthélemy, Saint-Clair-sur-Estretat, Cricquetot, Cuverville, Escrainville, Saint-Eustache-la-Forét, Saint-Jouin, Mannevillette, Saint-Martin-du-Manoir, Montivilliers, (Sainte-Croix et Saint-Ger-

procès-verbaux porte la date du 24 septembre 1540, il fut homologué par arrêt du parlement rendu le 11 décembre suivant.

La haute justice de Valmont avait donc une origine illustre, mais elle ne datait que du XVIe siècle.

Celle de Cany-Canyel et Canville remontait au XIVe siècle, et dépendait du domaine royal, lorsque le désir de posséder en Bretagne la châtellenie de Joscelin détermina le roi Charles V à l'offrir en échange, avec la châtellenie d'Exmes, à ses cousins les comtes d'Alençon et du Perche. La proposition fut acceptée et les lettres patentes d'échange portent la date du 14 mai 1370.

Conformément à l'usage invariable du temps, une information de 1372 qui devrait être aux archives nationales (1), détermina exactement la consistance et la valeur des droits cédés en échange. Le droit de haute, moyenne et basse justice y figure ; il s'étendait sur tous

main), Octeville, la Poterie, la Remuée, Rolleville, le Tilleul, Ypouville.

Appeville

Ancourt, Appeville, Avremesnil, Berneval, Bertreville, Bertrimont, Blancmesnil, Boschulin, Bouteilles, Brametot, la Chapelle-sur-Torcy, Dieppe, (Saint-Jacques et Saint-Remy), Estables, Freulleville, Saint-Germain, Graincourt, Hermanville, Hotot-sur-Dieppe, Lammerville, Longueil, Luneray, Saint-Martin-en-Campagne, Offranville, Ouville-la-Rivière, Pourville, Quiberville, Quièvrecourt, Torcy, Varengeville, Varneville, Venestanville, Ynerville.

(1) Mais qui n'y est pas, ainsi que nous nous en sommes assuré, après une demande régulière adressée à M. le Directeur général, qui a vainement fait chercher cette pièce importante aux layettes et registres du trésor des chartes et aux séries P (Chambre des Comptes) et Q (Domaines).

les vassaux de la châtellenie, répartis dans au moins cinquante-deux paroisses et spécialement la circonscription des deux sergenteries de Cany et de Canville où le roi ne s'était réservé aucunes mouvances. Elle pouvait même aller jusqu'à Offranville et en la paroisse du Bec-de-Mortagne (1).

La châtellenie de Cany-Canvel était restée dans la maison d'Alençon jusqu'en 1598, sauf l'interruption de la conquête anglaise, et celle d'un engagement momentané à la maison du Bec, qui, antérieur à 1489, ne prit fin qu'en 1509. En 1598, Cany-Canvel passa successivement aux familles de Refluge, de Bréauté, Le Marinier, Chamillart (2), jusqu'au retrait qu'en opéra, le 30 juin 1713, Pierre de Becdelièvre, marquis d'Hocqueville, premier président à la Cour des aides de Normandie, et après lui elle parvint par héritage à son arrière-petit neveu, le marquis de Cany, l'adversaire du prince de Monaco, dont nous avons déjà énuméré les possessions et dignités.

Dans un aveu de 1542, dont extrait est donné par M. Sandret, le droit de haute justice est mentionné de la manière suivante : « Ladite chatellenie, terre et

---

(1) Nous n'avons trouvé que dans l'aveu de Christophe Curban ou Curwen, rendu au roi d'Angleterre le 12 août 1419, la désignation de ces paroisses.

(2) On possède aux archives départementales des aveux de Cany-Canvel aux dates de 1614, du 2 avril 1656, 27 août 1700 et 17 avril 1723. V. la notice de M. L. Sandret, *La seigneurie et les seigneurs de Cany*. Paris, Dumoulin, 1880. Elle contient des renseignements intéressants, mais manque malheureusement de précision dans les détails et surtout d'exactitude dans l'orthographe des noms.

seigneurie a juridiction haute moyenne et basse ressortissant nuement en la cour de parlement à Rouen et
aussi juridiction ordinaire à savoir, pleds de quinzaine en
quinzaine, assises de six semaines en six semaines avec
droits de visitation, afférages, tant de vins, cidres et
toutes autres choses vendues et exposées en vente par
toute ladite chatellenie... »

Ces deux hautes justices n'étaient pas du reste les
seules qui illustrassent cette partie du pays de Caux ;
outre le siège royal de justice installé à Cany comme
démembrement du bailliage de Caudebec, il y avait eu
jusqu'en 1692 un siège de haute justice à Grainville-la-
Teinturière, dépendant du duché de Longueville. En
1692, lors de la réunion du duché à la Couronne, il fut
joint au bailliage royal de Cany ; l'abbaye de Fécamp
avait le sien à Vittefleur, et l'on devine sans peine combien devaient être fréquents les conflits de juridiction
entre ces seigneurs dont les mouvances limitrophes se
juxtaposaient dans un grand nombre de paroisses. Les
seigneurs de Cany-Canyel, dans les actes relatifs à cette
haute justice, rappelaient avec une certaine complaisance
son origine royale, en y inscrivant « *qu'elle était
fondée, à titre d'échange, aux droits du roi notre
sire* ». Ils tiraient également parti de cette circons-
tance, dont l'origine n'est point expliquée, et qui leur
faisait utiliser, comme prétoire de leur haute justice,
celui du bailliage royal.

Leurs officiers fleurdelysaient les poids et mesures
soumis à l'approbation du haut justicier. Le prince de
Monaco leur reprochait encore des prétentions suivant

lui peu justifiées, puisqu'elles avaient été presque aussitôt abandonnées que formulées, et dans tous les cas condamnées par l'arrêt de vérification de l'aveu de 1666, rendu par la Chambre des Comptes, le 9 juin 1668 : ainsi la revendication du ressort immédiat sur la haute justice de Berville, la compétence des cas royaux, le droit général de bannalité sur tous les vassaux; ils avaient même, à la différence de ce qui se pratiquait dans les hautes justices seigneuriales, où les avocats des juridictions voisines postulaient et remplissaient les fonctions de procureurs sur simples matricules, érigé quatre procureurs en titre d'office, à l'instar de ceux créés par le roi dans les juridictions royales.

M. de Monaco reproduisait une de ces commissions et citait un arrêt du Parlement de Paris du 10 janvier 1758 qui avait sévèrement réprimé de pareilles innovations.

Il prétendait encore que le procureur fiscal de Cany-Cany el s'arrogeait le titre de procureur général ; ces reproches se trouvent cotés dans son mémoire ; on y cherchait évidemment tous les moyens de faire perdre à un adversaire trop étroitement apparenté aux familles du Parlement ce qui pouvait lui concilier la sympathie de ses juges.

III

LE PROCÈS

Le haut justicier de Valmont prétendait avoir juridiction sur une portion du territoire des paroisses de

Cany et de Barville, et sa prétention reposait sur ce fait
que cette portion de territoire était comprise dans la
mouvance des deux demi-fiefs de haubert du même nom,
arrière-fiefs de l'ancienne baronnie de Cleuville, incor-
porée, par les lettres patentes de 1534, au duché d'Estouteville.

Le patronage de Cany dépendait lui-même originai-
rement de la baronnie de Cleuville, et le seigneur de
Cany-Barville n'en jouissait qu'en vertu de la concession
que lui en avait faite son suzerain, auquel il payait
annuellement, de ce chef, une rente de soixante sols (1).

Mais cette prétention du duché d'Estouteville était
contredite par le marquis de Cany, qui, propriétaire de
la haute justice de Cany-Caniel, et seigneur en même
temps de Cany-Barville, avait tout intérêt à étendre les
limites de sa haute justice sur son arrière fief.

La cause du procès fut des plus modestes. Le prince
de Monaco réclama comme son justiciable, un sieur Richard, prêtre à Cany, vassal du fief de Cany-Barville,
et subsidiairement le droit de haute justice sur ce fief,
en tant que des paroisses de Cany, Barville et autres
qui sont du ressort de la sergenterie fieffée de Grainville (2).

(1) Arch. dép. S.-Inf. — Chambre des Comptes de Normandie.
Aveu du duché d'Estouteville du 30 septembre 1588.

(2) On n'a pas oublié que M. de Cany prétendait que, lors de l'in-
féodation de Canyel, le roi avait concédé à ses auteurs *tout* ce qu'il
possédait dans les sergenteries de Cany et Canville sans exception.
Le prince de Monaco, dont la haute justice était de création posté-
rieure, prétendait l'exercer sur les mouvances qui étaient du ressort

M. de Cany soutint au contraire que son fief de Cany-Barville, en tant que des paroisses de Cany et Barville, était du ressort de la sergenterie de Cany et qu'étant par cette raison, au regard de ces deux paroisses, dans le ressort de la haute justice de Canyel, l'abbé Richard et les autres vassaux du fief, en tant que desdites deux paroisses, devaient plaider à sa haute justice.

La question semblait donc à première vue assez simple; elle se rattachait à l'organisation de nos anciennes sergenteries, institution spéciale à la Normandie, dont nous espérons bien pouvoir quelque jour élucider complétement le fonctionnement et l'organisation, mais elle se compliqua bien vite de questions de personnes.

IV

LE BAILLI DE VALMONT

Le bailly de Valmont était alors M. Cherfils, et sa personnalité eut jadis assez d'importance pour mériter que nous nous y arrétions quelques instants.

Né à Bosville-en-Caux, le 14 novembre 1737, Jean-Baptiste-Michel Cherfils, qui cumulait avec ces fonctions celles de procureur du roi près le bailliage royal de Cany, devait être plus tard député du Tiers-État du bailliage de Caux, en 1789, et on devait le voir, en 1788, préparer sa candidature par les discours qu'il prononça au bailliage de Cany, « au sujet de la révolution éprou-

---

de la sergenterie de Grainville-la-Teinturière, dans lequel, suivant lui, était compris Barville, et même pour partie *Cany* et *Vittefleur*.

vée par la magistrature depuis le mois de mai 1788, jusques et y compris le mois d'octobre suivant », discours qui devaient recevoir une publicité exceptionnelle, car ils eurent l'honneur d'un imprimé spécial (1).

Qu'on nous pardonne de citer les premières lignes du discours prononcé le 13 octobre, au moment où était publiée la déclaration du roi, ordonnant pour le mois de janvier suivant la convocation des États-Généraux. Il est absolument dans le goût du temps, avec la note d'emphase sentimentale qui semble caractéristique de cette époque ; le même degré d'illusion sur la portée et les résultats de la mesure proposée ; le tout mélangé d'une certaine ampleur oratoire qui explique suffisamment la popularité dont le nom de M. Cherfils devait bientôt être l'objet :

« MESSIEURS,

« Voici un des grands jours de la monarchie. Il consacre le triomphe des lois, celui de la justice et le bonheur de la nation.

« La séduction environnait le trône et mettait l'État en péril. Sa législation, son ancienne magistrature, les droits, les privilèges, les capitulations de ses provinces, tout était anéanti ; les peuples consternés ont unanimement réclamé contre cette funeste subversion. La voix de leur douleur a frappé l'oreille, leurs prières, leurs larmes ont ému l'âme et le cœur d'un roi, jeune et sensible, aussi juste que bienfaisant. Tout à coup sa volonté suprême, heureusement éclairée sur un désordre dont on lui avait dissimulé le danger, a changé les destins de la France et nos malheurs sont finis.

« Oui, messieurs, cette révolution si consolante, nous la devons à la justice, à la sagesse, à la bienfaisance d'un monarque qui ne veut

______

(1) *Arrêtés pris et discours prononcés au siège de Cany*, in-8º, 61 p., s. n. n. l.

gouverner que par les lois. Dans l'âge des passions qui assiégent sa jeunesse, mais qu'il a le courage de combattre et qu'il sait vaincre, il aime à prévenir les leçons, il aime à convaincre l'Europe étonnée qu'il ne veut régner que sur un peuple libre qui ne fut et ne sera jamais esclave que de son amour pour ses maîtres (1). »

Nous n'irons pas plus loin ; nous avons voulu donner un échantillon du style de M. le procureur du roi de Cany et montrer qu'il ne le cédait en rien à ses contemporains ; les trois dernières lignes citées par nous en donnent un assez curieux échantillon.

Nous fermons ici cette parenthèse ouverte sur le rôle que devait jouer plus tard le bailli de Valmont, et nous revenons à notre procès de 1776, où il se trouva assez vivement pris à partie par les conseils du marquis de Cany.

On le représentait comme « un vassal téméraire qui, sous un nom respectable, fait attaquer sans fondement les droits essentiels de la justice de son seigneur, dont il est lui-même justiciable, et cela par des motifs d'intérêt et uniquement pour augmenter les profits casuels de son office. »

On le mettait en contradiction avec lui-même, en rappelant qu'avocat au siège de Cany-Caniel, il avait soutenu l'assignation donnée à l'abbé Richard devant le siège.

Cherfils s'en montra douloureusement affecté, et, après avoir rappelé la confiance que le marquis de Cany avait en lui, quoique bailly de Valmont, au point d'en faire son avocat et son conseil, il protestait « en se pré-

(1) P. 42.

valant de l'estime et de la considération dont le père l'honora, pour se justifier des reproches du fils ».

Mais on alla plus loin encore dans cette voie : le prince de Monaco s'appuyait sur des passages de la chartre d'échange de 1370 et de l'estimation de 1372, et produisait un exemplaire imprimé de ces documents ; on insinua que le bailly de Valmont pourrait bien l'avoir emprunté au chartrier de Cany, et que ce pouvait être le même que celui produit dans un procès contre les habitants de Cany où le marquis de Cany était partie, et où l'on voyait encore « la cote et la signature de M⁰ Cherfils, son procureur, père du bailly de Valmont ».

Celui-ci s'en défendit avec indignation, et dans son premier mémoire (1) il rappelait que l'exemplaire incriminé lui avait été prêté par M⁰ Fauconnet, avocat à Saint-Valery, et que celui-ci l'avait déjà invoqué contre le marquis de Cany, au nom des habitants de ce bourg, dans un procès relatif aux communes.

Cette affirmation ne lui suffit pas et l'avocat du marquis de Cany, M⁰ Heliot, étant revenu sur ces insinuations, ayant incriminé même le remplacement de la feuille d'enveloppe de l'imprimé, comme ayant pour objet de « soustraire de prétendus indices qu'il importait qu'on ne vit pas », M. Cherfils se fit délivrer par M⁰ Fauconnet un certificat ainsi conçu :

« Je soussigné..., avocat au Parlement, atteste à tous qu'il appartiendra que le contrat d'échange imprimé de la terre de Caniel dont M. le bailly de Valmont a fait usage dans le procès de M. le prince

____

(1) *Solution*, p. 11.

de Monaco contre M. le marquis de Cany, m'appartient ; que j'ai permis audit sieur bailli de l'emprunter de M⁰ Lemonnier, procureur des habitants de Cany auxq uels je l'avais prêté, pour leur servir de titre contre feu le Mⁱˢ de Cany père qui réclamait, à leur préjudice, la propriété exclusive des communes de Cany, à l'occasion de quoi il y a eu procès au Parlement où ledit M⁰ Lemonnier ou M⁰ Desforges son prédécesseur a occupé pour eux. En foi de quoi délivre le présent, pour servir ce que de raison. A St Vallery en Caux le 2 janvier 1778. Signé FAUCONNET. »

Le mémoire ajoutait ces lignes qui ne peuvent être que flatteuses pour les descendants du signataire du certificat : « L'attestation d'un avocat aussi respectable qu'il est estimé et généralement connu sera sans doute ici du plus grand poids et fixera vraisemblablement l'opinion publique sur un fait qui ne devait pas la partager. »

Il s'indignait d'ailleurs des injures dont à ce propos le bailly de Valmont avait été l'objet de la part du marquis de Cany. « C'est donc de sa part une pure calomnie et une calomnie atroce qu'il n'a pas rougi de répandre, puisqu'elle se trouve répétée dans tous ses mémoires et qu'il en a plusieurs fois entretenu les premières maisons de la ville où il se fait souvent l'honneur de dîner. »

Convenons réellement que le reproche de se servir d'un imprimé était assez singulier et que M⁰ Cherfils avait assez raison d'observer. « Au surplus l'échange a été imprimé, il en existe même plusieurs éditions. Le propriétaire voulait donc qu'il eut la plus grande publicité. En effet, il a été répandu partout, et il n'est presque point de chartrier du voisinage où il n'y en ait un exemplaire, il en existe un au greffe du bailliage de Cany. » Toutefois, aujourd'hui, malgré ces éditions successives, nous n'avons été assez heureux pour en rencontrer nulle part, pas plus d'ailleurs que nous n'avons pu constater, aux archives nationales, l'existence du titre original.

Au reste, ce pauvre bailly de Valmont était une tête de turc sur laquelle chacun s'escrimait à l'envi. A propos des citations qu'il empruntait à l'enquête faite en 1536 pour l'érection de la haute justice du duché d'Estoute-ville, les avocats, consultés par le marquis de Cany, le taxèrent « *d'infidélité* » ; il s'en indigna. Passe encore, écrivait-il, de trouver de tels reproches chez l'auteur des mémoires de M. de Cany, « il est bilieux et grondeur, nous lui eussions pardonné cet écart, mais que des avocats qui doivent être froids, modérés et décents dans leurs consultations nous accusent *d'infidélité*, et qu'en ajoutant encore à cette calomnieuse imputation, ils affectent de dire qu'*ils s'imposent silence sur les réflexions ultérieures qu'un pareil trait pourrait faire naître*, c'est de leur part et tout à la fois une injustice qui nous étonne et une transgression des règles qui ne leur permettent qu'une discussion modérée des matières qu'on soumet à leur avis et qui leur défendent les personnalités dans quelque cas que ce soit. Le bailli de Valmont, en les rappelant à ces règles nécessaires, croit se venger suffisamment et de leur reproche injuste et des *réflexions ultérieures* dont il semble qu'ils lui aient fait grâce... »

Telles sont les diverses personnalités mêlées aux questions soulevées par le procès ; il nous faut maintenant essayer de mettre en lumière les arguments indiqués de part et d'autre.

V

LES ARGUMENTS DU PRINCE DE MONACO

La difficulté est d'autant plus grande que ces arguments se rattachent à une organisation sociale toute différente de la nôtre, et qu'il nous faut un véritable effort d'esprit pour reconstituer le milieu administratif ou judiciaire qui leur servait de base.

Voici comment les questions en litige sont résumées dans les mémoires que nous avons sous les yeux :

1° Le fief de *Cany-Barville,* en tant que des paroisses de ce nom, est-il ou non du ressort de la sergenterie de Grainville-la-Teinturière ?

2° Est-il ou n'est-il pas soumis par suite à la haute justice de Valmont?

La solution affirmative imposait au prince de Monaco l'obligation de fournir la preuve :

1° Que la sergenterie fieffée de Grainville portait sa mouvance dans Cany et Barville ;

2° Que le fief de Cany-Barville dépendait de cette sergenterie et par suite du ressort de la haute justice de Valmont.

C'était surtout de la première de ces solutions qu'il prétendait faire sortir le gain ou la perte du procès.

Voici comment le prince de Monaco justifiait sa thèse.

Il s'agissait d'abord de déterminer ce qui avait été cédé aux comtes d'Alençon et du Perche par le procès-verbal d'infirmation et d'assiette de 1372, lors de l'échange de Cany-Caniel.

Ce document fixe, avec un soin minutieux et paroisse par paroisse, le nombre des resséants cédés avec la haute justice et le nombre de ceux qui étaient exceptés, car il ne faut pas oublier que l'échange réservait formellement « la souveraineté et droits royaux avec les hommages, féautés, et tout le ressort du comte de Longueville, du comte de Savoie, de Fécamp, de l'église de Rouen, de leurs hommes et tenants sous eux esdites sergenteries de Cany et Canville et semblablement de tous autres qui, en icelles sergenteries, avoient haute justice avant le traité (1). »

C'est ainsi qu'on y voit pour la sergenterie de Canville :

« Somme de tous les resséants en la sergenterie de Canville, 580, dont il y a des tenants en moyenne et haute justice du roi et de Caniel, lesquels sont compris et entendus en cette présente assise, 409 ; et des tenants des autres seigneurs ci-dessus nommés, *retenus pour le roi* et non compris en ladite assiette, 170. »

De même pour la sergenterie de Cany :

« Somme de tous les resséants en la sergenterie de Cany pour l'an 1372, 1,331, dont il y en a tenants sous le roi et sous Canyel, entendus et comprins en cette assiette, 658, et des tenants d'autres seigneurs retenus pour le roi et non compris en ladite assiette 673 (2). »

(1) P. 15.

(2) Ibid. p. 17 et 18.

Il en résulte qu'il y avait à Cany double juridiction : 1° la haute

Mais en outre on lisait dans le procès-verbal, sous l'article de Cany :

« En la paroisse de Cany, *hors la sergenterie de Grainville*, soixante-dix resséants, c'est à savoir, tenants du roi, 15 ; de Caniel, 19, et de Fécamp, 6. »

Quant à celle de Barville, il n'en était pas fait mention, sous le ressort de la sergenterie de Cany.

A côté de cette information, M. de Monaco plaçait l'information du comté de Longueville, faite en 1316, c'est-à-dire près de trois quarts de siècle plus tôt, après la confiscation sur Enguerrand de Marigny, lorsque cette terre fut remise au second fils de Philippe-le-Hardi, Louis de France, comte d'Evreux, en assiette de 8,000 livres de rente.

Parmi les droits de ce comté figurait notamment la haute justice sur la sergenterie de Grainville-la-Teinturière, et à l'article de cette sergenterie, 52 resséants en la paroisse de Barville, sous le seigneur du lieu et autres nobles.

Mais on y comprenait nominativement en plus : *de la paroisse de Cany*, au hamel de Hocqueville, sous M. Pierre de Barville, 29 resséants et 1 bordier (1).

---

justice seigneuriale cédée au comte d'Alençon, et 2º le bailliage et la vicomté royale, démembrement du bailliage de Caudebec, s'étendant sur les quatre sergenteries de Cany, Canville, Grainville et Manneville-ès-Plains, et qui connaissait des cas royaux et des appels des hautes justices seigneuriales de ces trois sergenteries.

Il est à noter que la sergenterie de Manneville-ès-Plains n'est qu'un démembrement de celle de Grainville, et que nous avons quelques doutes sur sa constitution à titre de fief noble.

(1) Arch. de la S.-Inf., manuscrit du xviᵉ siècle.

Cette double extension était la contre-partie de l'information de la châtellenie de Cany-Canyel en 1372 et venait confirmer l'argument qu'en tirait le prince de Monaco.

Ce n'était pas tout ; deux aveux successifs de la sergenterie féodale de Grainville-la-Teinturière, plein-fief de haubert relevant du roi, rendus en 1413 et en 1422 par Geoffroy de Caumont, indiquaient l'extension de la sergenterie en quarante paroisses autour de Grainville, entr'autres *Barville*, et aussi les paroisses de *Cany* et *Villefleur* en *portion*.

Le mémoire que nous avons sous les yeux contient également un calcul fort ingénieux, fournissant la contre-épreuve de l'étendue des droits compris dans la délivrance faite au comte d'Alençon, c'est le calcul du fouage.

Le *fouage* ou *monnéage* était un droit royal de quatre deniers par feu et par an, levé de trois ans en trois ans sur chacun des resséants de la sergenterie.

Le revenu des droits cédés étant calculé au denier dix, le fouage entrait dans l'évaluation pour 17 l. 15 s. 6 d., formant le dixième de 177 l. 15 s. 8 d., montant des droits de fouage totalisés pendant dix ans sur 1,067 resséants; or, précisément l'assiette faisait figurer parmi les resséants cédés au comte d'Alençon, soit comme relevant de Canyel, soit comme relevant du roi et non réservés par lui (1), 1,067 resséants (2).

(1) L'information constate qu'il y en avait de retenus pour le roi,
en la sergenterie de Canville   171
et en la sergenterie de Cany.............................   673
                     Total...............   844
Sur un total de................................   1.911

(2) Mémoire, p. 46 et ss.

La preuve semblait donc au moins très spécieuse

Il est à remarquer que le marquis de Cany était, en 1776, propriétaire de toutes les sergenteries fieffées du ressort de sa haute justice, et même de celle de Grainville-la-Teinturière, et que ses adversaires lui reprochaient de profiter de cette situation pour faire des productions incomplètes de nature à favoriser l'extension de la sergenterie de Cany, sur laquelle s'étendait sa haute justice, aux dépens de la sergenterie de Grainville, sur l'exploitation de laquelle on lui reprochait de ne reproduire que des documents triés avec soin.

Non seulement les sergenteries nobles étaient sa propriété (1), mais tous les offices annexes d'une haute justice : notariats, tabellionnages, greffes, offices d'huissier étaient à lui ; ses préposés n'avaient aucun dépôt à eux, et on lit dans le mémoire de ses adversaires ce détail assez curieux : « Les procès-verbaux des sergents, les minutes des notaires n'existent dans aucun endroit public où l'on ait accès. Le dépôt des minutes des notaires est une chambre où le receveur de M. de Cany

(1) Cette situation fournit quelques renseignements intéressants sur l'origine de ces sergenteries nobles. On y voit notamment (p. 88) que la sergenterie de Cany fut donnée en 1306 à Guillaume-Thomas de Veulles par le roi Philippe-le-Bel; que « Thomas de Veulles la donna ensuite à Raoul de la Montagne par acte passé devant les fermiers de l'Ecritoire-le-Roi, l'an de grâce 1330, le samedi d'après la Nativité de Saint-Jean-Baptiste, et que cette donation fut confirmée par Philippe de Valois au mois d'août de la même année ».

La famille de la Montagne posséda la sergenterie noble de Cany, à titre de plein fief de haubert, relevant du roi, pendant plusieurs siècles, et le dernier aveu rendu par elle est du 10 juin 1678 (Arch. S.-Inf.)

fait sa recette tous les lundis de chaque semaine et dont il emporte la clef quand sa recette est finie (1). »

Tels étaient les arguments du prince de Monaco ; nous avons cherché à les contrôler en examinant avec soin, aux archives de la Seine-Inférieure, les aveux rendus au roi pour les deux sergenteries de Cany et de Grainville, pendant le cours du XVIIe et du XVIIIe siècles. Nous y avons, contrairement à sa prétention, trouvé la paroisse de Barville, au nombre des 34 paroisses de la sergenterie de Cany : elle est d'ailleurs exceptée de la désignation des 40 paroisses de la sergenterie de Grainville (2).

(1) Mémoire, p. 87. Cette observation peut être vérifiée, quant au tabellionnage de Grainville, dont nous n'avons retrouvé les anciennes minutes nulle part. Il est du reste très probable que le tabellionnage fut supprimé avec le siège de haute justice de Grainville, dont la réunion au bailliage de Cany eut lieu en 1751.

(2) Dans l'aveu de Charles de la Montagne du 22 mars 1590 (Arch. S.-Inf.), on ne trouve que 38 paroisses citées ; nous les donnons en ordre alphabétique.

Angiens, Anglesqueville, Autigny, Bosville, Barville, Bourville, Cailleville, Cany, Sainte-Colombe, Crasville, Drosay, Ermenouville, Flamanville, Gueutteville, Hautot (l'Auvray), Héberville, Herville (Oherville), Hocqueville, Houdetot, Ingouville, Manneville (ès-Plains), le Mesnil-Durdent, le Mesnil-Geoffroy, Néville, Paluel, Plaine-Sevette (Pleine-Sève), Saint-Requier (ès-Plains), Sasseville, Saint-Sylvain, Saint-Vaast (Dieppedalle), Saint-Valery, Tonneville, Virville (sans doute Bosville), Vittefleur.

Dans l'aveu de la sergenterie de Grainville, rendu au roi par Jacques de Rouville, le 2 décembre 1607 (id., ibid.), les 40 paroisses sont les suivantes, que nous donnons suivant leur ordre alphabétique.

Ancretteville-sur-la-Mer, Ancourteville, Angerville-la-Martel, Auberville, Bertheauville, Bertreville, Benzeville-la-Guérard, Bonde-

C'était là un gros argument pour le marquis de Cany et il ne peut d'ailleurs être suspect, puisqu'aux dates des aveux, 1599 et 1607, ces deux sergenteries appartenaient à des propriétaires différents, et n'étaient point encore entrées dans le domaine des Becdelièvre. Cette constatation vient donc, jusqu'à un certain point, contredire les termes restrictifs de l'information et assiette de 1372.

M. de Monaco relevait cependant dans les titres mêmes de son adversaire des énonciations qu'il prétendait caractéristiques :

Ainsi, dans l'aveu de la châtellenie et haute justice de Canyel, rendu en 1419 par Christophe de Curbau ou Curweu, une attribution de juridiction prétendue, il est vrai, sur les hommes du seigneur d'Estouteville, mais seulement dans les paroisses de Gueutteville, de Drosay et de Sasseville, et non pas dans celles de Cany et de Barville (1).

---

ville, Butot, Canouville, Claville (Quièvreville), Cleuville, Criquetot-le-Mauconduit, Crosville, Életot, Escretteville, Gerponville, Grainville, Hanouart, Sainte-Hélène, Malleville, Saint-Martin-aux-Buneaux, Mautheville-sur-Dourdan, Normanville, Ouainville, Saint-Ouen-au-Bosc, Ourville, Saint-Pierre-en-Port, Riville, Rouxmesnil, Sassetot-le-Mauconduit, Senneville, Sommesnil, Theroudeville, Theuville-aux-Maillots, Thiouville-la-Regnart, Vatecrist, Venesville, Veulettes, Vinemerville.

Nous croyons d'autant plus utile de donner cette nomenclature de paroisses, qu'elle renseigne sur ces anciennes divisions territoriales fort peu connues jusqu'ici et dont l'étude est cependant très utile au point de vue féodal, administratif et judiciaire.

(1) Voici le passage de l'aveu : « ... et semblablement sont sujets à ma dite jurisdiction les hommes du seigneur d'Estouteville en la

Ainsi, dans l'aveu de la marquise de Montferrat, du
1er octobre 1542, où elle s'exprimait ainsi :

« Aussi y a plusieurs fiefs ou portions et étendues de
fiefs, dedans les enclaves et limites desdictes sergenteries de Cany et Canville, combien qu'ils n'en soient
tenus à foi et honneur ou autrement (de la chatellenie
de Canyel) ; néantmoins les hommes et tenants d'iceux
sont sujets à ladite juridiction ordinaire dudit Cany tant
du bailli que du vicomte et semblablement sont sujets à
la jurisdiction les hommes du seigneur d'Estouteville,
en la paroisse de Gueutteville, de Drozay et de Sasseville. »

Mais il restait toujours à préciser si oui ou non Barville et Cany pouvaient dépendre de la sergenterie de
Grainville, et si cette sergenterie pouvait avoir des extensions en dehors des paroisses où son exercice était
régulièrement assis.

C'est ce que M. de Monaco essayait d'établir.

Après une incursion sur la création des sergenteries
fieffées qu'il considérait comme une annexe des hautes
justices successivement réunies au domaine royal, il
raisonnait ainsi :

paroisse de Gueutteville, de Drozay et de Sasseville. » (Mémoire,
p. 170).

Le mémoire de M. de Monaco proteste contre cette prétention en
soutenant que ses hommes relevaient de la haute justice de Berneval,
« laquelle a une existence bien antérieure à celle de Canyel, ce que
nous nous réservons d'établir en temps et lieu. »

Mais son argument ne porte pas en ce qui concerne Cany et Barville, fiefs et arrière-fiefs sur lesquels M. de Monaco ne pouvait
justifier d'aucun droit de haute justice antérieur à l'année 1479.

Les deux demi-fiefs de Cany et de Barville sont des arrière-fiefs relevant de la baronnie de Cleuville ; le chef-mois de la baronnie est dans une paroisse comprise incontestablement dans la sergenterie de Grainville ; donc la sergenterie de Grainville doit, dans tous les cas, s'étendre à Cany et à Barville, dans les portions de leur territoire qui relèvent de la baronnie de Cleuville, et par suite dépendre du duché et de la haute justice d'Estouteville. Cet argument n'était pas bien sérieux, et M. de Cany pouvait distinguer, ce nous semble, avec assez de raison entre les sergenteries nobles, d'origine royale, ayant leur extension dans un périmètre de paroisses nettement déterminé, et les sergenteries purement féodales, qui avaient leur exercice sur toutes les dépendances de la seigneurie, en dehors des circonscriptions des sergenteries nobles, dites *du pied de l'épée.*

Pour être conséquent avec son système, M. de Monaco devait soutenir l'extension de la sergenterie de Grainville sur tous les arrière-fiefs de la baronnie de Cleuville, ainsi à Hautot-Saint-Sulpice où se trouvait l'arrière-fief de Barville, à Gueutteville-ès-Plains, où se trouvait le fief de Gueutteville, au Bec-de-Mortagne, chef-mois du fief de ce nom, ce qui aurait permis au sergent-noble de Grainville d'exercer sur le territoire des sergenteries nobles de Baons-le-Comte, de Cany et de Goderville, dans lequel sont situées les trois paroisses ci-dessus, prétention dont la singularité la faisait condamner par avance.

M. de Monaco répondait de son côté que cette prétention de fixer par paroisses le ressort des sergenteries nobles, bien qu'on essayât de le justifier par l'exposé du procureur général sur l'édit du mois d'août 1664 (1),

(1) *Recueil des Edits* nl. de 1643 à 1683, p. 923 et s.

Cet exposé du procureur général est à reproduire intégralement, car c'est une page historique qui fait parfaitement comprendre l'ensemble de l'organisation de la justice et des offices ministériels dans notre province.

« ... Nostre procureur général nous a représenté que l'usage de nostre province de Normandie est extrêmement différent de celui des autres de notre royaume n'y aiant d'ancienneté d'officiers établis pour faire les contraintes, exploits et autres actes, *que les sergens nobles et héréditaires* qui les possèdent en fief....... et sont distribués en sorte *que les sept bailliages et siéges présidiaux* dont est composée toute notre justice en ladite province, *chacun est divisé en quatre vicomtés,* et chaque *vicomté en quatre sergenteries,* les titulaires desquels sont en possession d'établir des commis qui n'excedent point le nombre de *trois,* aux grandes sergenteries, aux moindres *deux,* et aux petites *un,* à proportion des *paroisses* qui les composent, suivant le réglement fait en notre Parlement de Rouen, ce jour de lequel nombre est moindre que celui porté par notre édit, desquels commis les propriétaires des dites sergenteries nobles sont responsables jusqu'à concurrence de la valeur d'icelles. Qu'à l'égard des *notariats et tabellionnages,* ils sont pour la plupart de notre domaine, et dont les engagistes jouissent avec pouvoir d'y mettre des commis qui n'excedent pas le nombre de ceux des sergenteries, en sorte qu'en notre ville et fauxbourgs de Rouen, il n'y a que douze notaires ou tabellions, deux en la ville de Caen, et ainsi à proportion en nos autres villes de ladite province et en la campagne un ou deux au plus en chaque sergenterie, qui sont toutes composées de plusieurs paroisses... et au regard des *hautes justices,* il n'y en a que très peu en ladite province, les propriétaires desquelles donnent provision à leurs officiers, tant juges que procureurs, greffiers, notaires et sergens, qui sont en très petit nombre eu égard à l'usage de nos autres provinces, ou dans la plupart des paroisses il y a plusieurs hautes justices et un nombre d'officiers à proportion ; que lesdites sergenteries, ensemble les tabellionnages et les greffes s'aferment par les propriétaires pour trois, six ou neuf ans ; que c'est

était démontré inexact par des exemples voisins sur lesquels il insistait avec complaisance.

Ainsi, pour ne parler que de la sergenterie de Grainville : dans le procès-verbal d'assiette de la haute justice de Caniel, en 1372, et pour la paroisse de Cany, on lisait : « hors la sergenterie soixante dix resséants. »

De même, dans la prisée du comte de Longueville, en 1316, on compte sous la sergenterie de Grainville, au *Hamel d'Ocqueville en la paroisse de Cany*, 29 resséants et un bordier.

De même, deux aveux de la sergenterie de Grainville, au xve siècle, lui attribuent « les paroisses de Cany, Vittefleur, Barville et Harville *en portion* ».

D'autres sergenteries nobles auraient présenté la même singularité.

M. de Blosseville donnait à bail celle du *Val-de-Dun*,

l'usage de tout temps observé en ladite province conformément à leurs titres...; que de tout temps il y a eu *quarante sergens* royaux en la ville de Rouen, qui sont employés pour la police à l'exécution des jugemens, à la garde des quartiers de la ville, pour empêcher la mendicité, et arrêter les contrevenans dans les églises, servir au bailliage, présidial, vicomté et juridiction des Consuls ; faire les inventaires des lettres des mineurs, les fonctions de commissaires des quartiers, mettre tous jugemens à exécution et assister à l'exécution des condamnés et autres actes tant dans la ville que dans les faubourgs, composés de trente-sept paroisses fort peuplées ; que lesdits officiers ont été créés en titre d'offices et établis dès le temps de François Ier, confirmez par Henri II et encore par plusieurs Edits et déclarations des Rois nos prédécesseurs ; mais que depuis ledit tems il a été établi dans ladite ville de Rouen et autres villes et paroisses de ladite province plusieurs huissiers... »

L'édit de 1664 fit droit aux observations du procureur général et maintint dans leurs droits les possesseurs de sergenteries nobles.

avec droit d'exploits en *partie* dans certaines paroisses comme celles d'Avremesnil et de Saint-Denis-d'Aclon.

Mieux encore, celle de Canville avait une extension dans une paroisse non seulement de la vicomté de Caudebec, mais d'une vicomté limitrophe, de la vicomté d'Arques, et le 20 août 1700, Adrien du Bosc, sieur de Vitermont, la vendait, avec extension dans la ferme du Bosc-aux-Moines, appartenant à l'abbaye de Saint-Georges-de-Boscherville, et dépendant de la paroisse de Boudeville.

Cette sergenterie prétendait même des extensions à Ouville-la-Rivière et à Offranville, et, en 1730, un nommé Balandon se faisait recevoir au siège de Cany, sur les conclusions du ministère public, comme sous-sergent de Canville, pour la branche d'Offranville.

Un de ses successeurs était reçu en la même qualité, le 3 décembre 1743.

Un autre, en 1758, pour la branche d'Ouville-la-Rivière.

Ces exemples semblaient caractéristiques en faveur du haut justicier de Valmont. Ce qui ne l'était pas moins, c'étaient les actes de possession, un peu anciens toutefois, qu'il invoquait à l'appui de ses titres.

Ainsi, lors de l'adjudication de la terre et haute justice de Cany-Canyel, faite par arrêt du 7 janvier 1603, au profit de Charles de Reffuge, et lors de la subrogation consentie, en 1608, au profit de Suzanne de Mouchy, douairière de Bréauté, par ses deux filles, Angélique et Anne de Reffuge, l'aînée femme de Louis Le Marinier, seigneur des fiefs de Cany-Barville, et de Sasseville.

Iquelon, celui-ci se porta opposant au décret, et l'objet de son opposition tendait à contester tout à la fois le nom de Cany à la terre décrétée, et le droit de suzeraineté sur les fiefs de Cany, Barville et de Sasseville-Iquelon, lesquels au contraire relevaient du duché d'Estouteville ; « en considération de quoi, ajoutait-il, les appellations qui se relèvent des sénéchaux desdits seigneurs de Cany, Barville et de Sasseville, ressortissent par devant le bailli d'Estouteville au siège de Valmont. » Il protestait encore contre le droit de haute justice et juridiction attribué à la terre de Caniel, sur tous les hommes et tenants desdits fiefs de Cany, Barville et Sasseville, « pour être justiciables du bailli d'Estouteville tant en actions civiles que criminelles, suivant la réservation portée par l'échange de la terre de Canyel. »

Mme de Bréauté se serait alors bornée, suivant le mémoire de M. de Monaco, à défendre le nom de Cany-Canyel comme consacré par un usage constant, et à limiter la mouvance de sa haute justice aux deux fiefs ou vavassories d'Iquelon, mais elle n'aurait pas insisté sur la mouvance appliquée aux fiefs de Cany, Barville et Sasseville, la Cour ne se serait pas prononcée, et, dans son arrêt du 19 février 1609, elle se serait bornée à décider, quant au nom de *Cany-Caniel*, et quant à la justice « que les parties communiqueroient ».

Et lorsque Angélique de Reffuge, dame de Barville, mourut en 1613, le tuteur consulaire de ses enfants requit le bailly de Valmont de venir faire, en sa maison de Barville, tous inventaires et actes conservatoires. Les officiers du juge royal de Cany s'y opposèrent, et sur ce, intervint un arrêt du 17 juillet 1617, qui maintint les officiers royaux et non pas ceux de Cany-Canyel, mais seulement jusqu'à l'entérinement des lettres de garde, et pour le surplus proclama sans ambiguité possible : « que lesdits officiers de Valmont auront la connaissance et juridiction des actions réelles, personnelles, mixtes et possessoires, tant pour le regard des seigneurs que des tenants et vassaux desdites terres de Cleuville, Barville et Cany, et ce en tant qu'à haut justicier en appartient par la coutume, et défenses auxdits officiers royaux de troubler ni inquiéter lesdits officiers d'Estouteville et Valmont dans l'exercice de ladite haute justice. »

Cet arrêt n'aurait fait du reste que confirmer un arrêt antérieur du 25 octobre 1610, qui avait maintenu les officiers de Valmont au droit de faire inventaires au château de Cany-Barville.

Plus tard, les Le Marinier avaient réuni dans leurs mains la châtellenie et haute justice de Cany-Canyel et le fief de Cany-Barville ; plus tard, encore, la désunion des deux fiefs s'était produite lorsque, le 3 juin 1683, Balthazard Le Marinier vendit son fief de Cany-Barville à Pierre de Becdelièvre, marquis de Quevilly, premier président honoraire en la Cour des Aides de Normandie.

Il voulut alors faire revivre, au profit de sa haute justice de Cany-Canyel, une partie des droits que son aïeul avait contestés, comme seigneur de Cany-Barville, lors de l'adjudication de 1609 ; et pour les affirmer, il revendiqua, dans l'église de Cany, les droits honorifiques que le droit féodal accordait aux seigneurs hauts-justiciers.

Le président de Quevilly les lui contesta. L'affaire vint aux requêtes du palais en 1685, et Balthazard Le Marinier perdit son procès, parce qu'on lui démontra, prétendait au moins M. de Monaco, ce qui eût été péremptoire, que l'église de Cany n'était point sur le territoire de sa haute justice, mais était dans le ressort de celle de Valmont.

Enfin, dans son aveu du duché d'Estouteville, rendu au roi le 30 septembre 1688, pour et au nom de Jean-Louis-Charles d'Orléans, duc de Longueville et d'Estouteville, Cany-Barville y est couché tout au long comme relevant de la seigneurie et haute justice du duché d'Estouteville.

On terminait enfin en produisant de nombreux exploits des sergents de Grainville, signifiés en la paroisse de Cany, et comme dernière preuve la vente des effets du curé de Cany, faite en 1711 par Robert Ferey.

Tel est l'ensemble des moyens développés dans l'intérêt du prince de Monaco. Nous les avons empruntés, avec le plus de fidélité possible, aux deux imprimés que nous possédons.

Ils étaient, comme nous l'avons dit, l'œuvre du bailli de Valmont, qui les corroborait à l'aide de deux consultations qui portent les dates des 15 décembre 1776 et 9 janvier 1778, et sont souscrites, la première, des noms de Duval, l'abbé Vallée, Lemaître et Lallouette ; la seconde, de ceux de Lallouette, Guisier et Andrieu.

Parvenu ainsi au terme de sa tâche, animé par une

conviction qu'il espérait sans doute faire facilement passer dans l'esprit de ses juges, M. Cherfils n'hésitait pas à préjuger le succès et à donner ce dernier conseil à son adversaire :

> « Il ne lui reste plus qu'un parti, que son équité naturelle devrait lui faire adopter, ce serait de prévenir la décision qu'on attend, par un acquiescement volontaire et de se dire... *j'ai cru longtemps ma cause bonne, j'étais dans l'erreur: on m'y avait induit: aujourd'hui que je connais les dispositions de mon titre et les bornes à la propriété qu'il me donne, je m'y renferme sans hésiter et n'ai aucune répugnance à convenir que je suis tout à la fois, comme es tenants de mon fief de* CANY-BARVILLE, *vassal et justiciable de M. de Monaco. Que ce prince jouisse de ses droits, je les respecte. Je ne dois donc plus en vouloir au bailly de Valmont, pour s'être chargé de les défendre et je lui rends mon estime.* »

Malheureusement pour le bailli de Valmont, le marquis de Cany n'était pas disposé à entrer dans cette voie, et nous avons à faire connaître les arguments qu'il invoquait à son tour.

VI

LES MOYENS DU MARQUIS DE CANY

Jusqu'ici, notre tâche a été relativement facile. Nous avons sous les yeux les mémoires écrits dans l'intérêt du prince de Monaco. Il s'agissait seulement d'en extraire la substance et de la rendre assimilable pour l'esprit de nos lecteurs. Nous voulons nous flatter que nous y sommes parvenus. Malheureusement, la même ressource nous manque du côté du marquis de Cany ; malgré toutes nos recherches, nous n'avons pu nous procurer les deux mémoires qui furent successivement imprimés pour la défense de ses droits, et nous en sommes réduits à les reconstituer, au moyen même des arguments de son adversaire.

On voudra bien nous excuser si nous sommes forcément incomplet.

Toute la question était en résumé de savoir si le marquis de Cany, dont le droit de haute justice portait indubitablement sur le ressort des deux sergenteries de Cany et Canville, pouvait justifier que la première, la seule dont le ressort fut en discussion au procès, englobât l'intégralité des deux paroisses de Cany et de Barville.

Pour Cany, il y avait déjà une présomption bien forte que la paroisse, siège de la sergenterie, en faisait partie.

Il y avait encore cet avantage pour la haute justice de Cany-Canyel, qu'elle existait depuis l'échange de 1370, c'est-à-dire cent soixante-huit ans avant l'érection de la haute justice de Valmont, que pendant cet intervalle elle eût dû rencontrer sur ces deux paroisses l'opposition des juges du bailliage royal, seuls compétents, si elles étaient en tout ou en partie de la sergenterie de Grainville, et qu'aucun document n'éclairait cette période intermédiaire ; que l'on rencontrait seulement, au jour de l'érection de la haute justice de Valmont, en 1538, lors de la création du duché, la protestation et l'opposition de la marquise de Montferrat, alors propriétaire de la haute justice de Cany-Canyel.

Cette opposition n'était pas isolée d'ailleurs : le comte

de Créances, de la maison d'Estouteville, l'archevêque
de Rouen, la veuve du grand sénéchal, au nom de ses
enfants mineurs, et à raison de leurs fiefs d'Estouteville
et de Pleinbosc, s'étaient portés opposants à l'enregistrement des lettres d'érection ; aussi les droits de tous
avaient-ils été conservés, par la vieille formule latine,
mise sur le repli, et dont la grande et fière allure, pro-
clamant l'imprescriptibilité des *libertés de la patrie*, est
bonne à retenir, « *lecta, publicata et registrata, au-
dito procuratore generali domini nostri regis, salvis
in aliis omnibus juribus regis*, LIBERTATIBUS PATRIÆ,
*jureque omnium supradictorum et aliorum quo-
rumque interesse poterit in omnibus, Rothomagi in
parlamento hac die secundâ septembris anno domini quingentesimo millesimo trigesimo quarto.* »

Et dans l'arrêt prononcé le 12 septembre, la Cour, en
accordant aux opposants « lettre de leurs protestations,
ordonnait que le duc d'Estouteville se présentera « s'il
voit que soit bien au premier ou autre jour plaidable
après la Saint-Martin, pour être ouï en ce qu'il voudra
dire et requérir pour son intérêt et sur ce luy être ordonné et pourvu ainsi que de raison. »

Le 18 mai 1537, la Cour statuait sur l'organisation
des sièges de justice du nouveau duché, et, rappelant les
oppositions, disait : « lesquelles en tant que sont lesdits
archevesque de Rouen, duc et duchesse de Longueville,
duchesse de Vendosme et sergents héréditaires, demeu-
reront en telle possession des choses dont ils sont opposants, comme ils étaient avant ladite opposition. »

Il est vrai que l'on ne retrouvait plus, en 1776, le

texte exact de cette opposition, et que le prince de Monaco observait que, si l'opposition eût porté sur les mouvances de Cany-Barville, ces deux paroisses n'eussent pas été comprises par les juges-enquêteurs, comme elles le furent, dans le ressort du siège de Valmont.

Mais il était facile de répondre que cette indication n'avait eu lieu qu'à titre purement conservatoire, les droits contraires des opposants étant réservés par l'arrêt.

Toutefois, si le marquis de Cany ne justifiait pas que la marquise de Montferrat, ou ses ayants-droit, eussent fait statuer sur son opposition, il produisait pour la fin du XVIᵉ siècle un document précieux.

En 1577, en effet, le prince de Condé, possesseur de la terre de Cany-Canyel, obtenait, le 10 novembre, des lettres patentes confirmatives de l'échange de 1370, lui accordant et à ses successeurs et officiers « le même pouvoir et authorité et la perception des mêmes droits que ses prédécesseurs rois soulaient faire, auparavant l'aliénation de ladite terre échangée ».

Le Parlement, il est vrai, n'enregistra le 21 mars 1578 qu'à la charge de jouir du contenu en icelles « ainsi qu'il et ses prédécesseurs en ont bien et dument joui ».

Le prince voulait davantage : ses plaintes étaient d'ailleurs surtout dirigées contre la justice royale dont les officiers, « menés de leur profit particulier, s'efforçoient par tous moyens de prendre la connoissance et juridiction des sujets à sa justice, même du décord des dixmes, » recevaient les appellations du bailli de Berville, et permettaient « aux sergents de Grainville ou sergents à cheval, à faire exploits et assignations audit Cany et Canville par devant eux, au grand préjudice des droits de sa justice » ; il sollicita et obtint en conséquence de nouvelles lettres patentes, datées du 20 juillet 1583, où le Roi, blâmant les termes restrictifs de l'enregistrement accordé, « sans lui faire droit, disaient-elles, sur les remonstrances à vous faites, concernant lesdites entreprises et usurpations, qui seroit, si cela avoit lieu, les approuver tacitement et contrevenir directement au contenu desdits contrat d'échange et lettres de ratification, à la grande diminution des droits de notre dit cousin. » Les lettres patentes exigeaient en conséquence l'enregistrement pur et simple de celles de 1577 et ordonnaient « que lesdites lettres patentes et ces présentes fussent publiées au siège et auditoire de Cany, nos assises séants, et en ladite juridiction de Cany-Caniel, les plaids tenants, à ce qu'aucun n'en prétende cause d'ignorance ».

Ces lettres patentes furent présentées au Parlement le 13 septembre 1584 ; nous n'avons pas trouvé toutefois la preuve que l'enregistrement pur et simple en eût été obtenu.

Une vingtaine d'années s'étaient écoulées, on était au commencement du XVIIᵉ siècle, la terre de Cany-Canyel avait été saisie réellement, le 15 avril 1601, par les créanciers de Mᵐᵉ de la Trémoille et du feu duc d'Enghien ; l'adjudication publique en eut lieu au profit de Charles de Reffuge, par arrêt du 7 janvier 1603 (1).

(1) Cette adjudication était faite à charge de consigner le montant des enchères, fixé à 40,000 livres.

Les filles et héritières bénéficiaires, Angélique de Reffuge, femme

48

Parmi les paroisses mentionnées comme dépendant de la haute justice, figuraient celles de Cany et de Barville, ainsi que la mouvance sur les fiefs de ce nom et sur le fief de Sasseville-Iquelon.

Antoine **Le Marinier**, seigneur de Cany-Barville, fit opposition au décret et vint la soutenir, à la date du 19 février 1609, en prétendant : 1° faire supprimer la dénomination de Cany, qu'il revendiquait exclusivement ; 2° faire rectifier la mouvance des fiefs de Cany-Barville et de Sasseville, qui relevaient les uns de Cleuville et le dernier du Bec-de-Mortague, membre du duché d'Estouteville ; enfin 3° « distraire de la dite déclaration le droit de justice et de juridiction, voulu attribuer à la terre de Cany el sur tous les hommes et tenants desdits fiefs de Cany-Barville pour être justiciables du bailly d'Estouteville... »

La question de juridiction était donc nettement posée, bien que le duc d'Estouteville ne fût pas partie au débat.

L'arrêt qui intervint le même jour (17 février 1609) conserva au provisoire le droit de haute justice sur les fiefs de Cany et Barville ; il était en effet ainsi conçu : « Nous avons octroyé acte audit Le Marinier de la déclaration de madite dame de Bréauté qu'elle n'entend pour le regard desdits fiefs de Cany-Barville qu'il n'y ait aucune chose comprise en la déclaration du présent décret,

de Louis Le Marinier, seigneur de Cany-Barville, et Anne de Refuge, n'ayant pu y satisfaire, subrogèrent dans leurs droits d'adjudication Suzanne de Mouchy, douairière de Bréauté.

Cet acte de subrogation fut souscrit le 11 décembre 1608.

sinon le droit de haute justice, et qu'elle s'arrête à la tenure desdites deux vavassories, sur quoy les parties communiqueront, même sur la dénomination du fief de Cany-Caniel. »

On en resta là, mais le 18 janvier 1665, Balthazard Le Marinier, alors seigneur-châtelain et haut justicier de *Cany-Canyel* rend aveu au duc d'Estouteville, à cause de son ancienne baronnie de Cleuville, de son fief de Cany-Barville, et les officiers de Valmont acceptent, sans autres protestations que celles ordinaires de style, l'insertion de la déclaration suivante : « ... Sur lesquels fiefs et dépendances d'iceux *ai droit de haute justice en qualité de haut justicier de la terre de Cany-Canyel,* auquel droit ai été conservé et maintenu par arrêt du Parlement de Rouen du 17 mai 1645 (1), conformément au contrat d'échange... »

Balthazard Le Marinier conserve Cany-Barville jusqu'au 3 juin 1683, et le duc d'Estouteville ne poursuit aucune rectification.

Non seulement il ne poursuit pas, mais le 27 octobre 1675, Balthazard Le Marinier présente requête à la chambre des vacations dans laquelle il sollicite que très expresses inhibitions et défenses soient faites « aux juges et officiers d'Estouteville de s'immiscer et appeler par devant eux les hommes ou tenants de leurs fiefs ou étendues de fiefs étant dans les dites sergenteries et notamment dans les *paroisses de Cany, Barville et Sasse-*

(1) Cet arrêt avait été obtenu contre les officiers du bailliage royal à l'occasion d'actes de juridiction exercés à la suite d'un meurtre commis, en 1617, sur la paroisse d'Hocqueville.

50

ville, à peine de 500 l. d'amende et de faire pareilles
défenses et sous mêmes peines auxdits hommes et
tenants, de reconnaître autre juge que le bailly de Cany-
Caniel. »

Un arrêt conforme est rendu, il est signifié aux juges
de Valmont, et l'unique objection des hommes d'affaires
du prince de Monaco est que les noms des paroisses visées
dans la requête ne sont pas reproduits dans le dispositif
de l'arrêt.

Comme argument, c'était un peu faible.

En 1687 et en 1688, une tutelle est ouverte dans les
dépendances du fief de Cany-Barville, le juge de Cany-
Caniel s'en saisit, celui de Valmont proteste, on vient
devant la Cour, et malgré des sommations d'audience,
réitérées pendant plusieurs années de la part du juge de
Valmont, le procès ne reçoit pas de solution.

La mort de la duchesse de Nemours, en 1703, les procès que soulève le partage de sa succession, furent évidemment l'une des causes qui empêchèrent les hauts
justiciers d'Estouteville de reprendre la question, mais
il n'en résulta pas moins pour le haut justicier de Cany-
Caniel soixante-dix ans de jouissance paisible et le droit
d'écrire dans son mémoire : « Depuis les dernières signi-
fications faites dans le procès, jusqu'à la naissance de
celui-ci, les seigneurs de Cany-Caniel qui se sont suc-
cédés ont eu la possession la plus tranquille, et leurs
officiers ont continuellement et paisiblement exercé leur
juridiction sur les vassaux du fief de Cany-Barville. »

Et chose plus grave encore, le prince de Monaco, qui
produisait plus de soixante pièces justificatives de l'exer-

cice de son droit, au cours du XVIIᵉ siècle, était obligé de reconnaître l'existence des actes possessoires de son adversaire et l'impossibilité de sa part d'en opposer « aucuns de ce siècle (1) ». Mais il cherchait à affaiblir la force de cet argument en soutenant que s'il n'en produisait pas, cela n'établissait pas qu'il n'en eût existé aucun, mais il l'expliquait en arguant de ce fait singulier, c'est qu'à la fin du XVIIᵉ siècle et au commencement du XVIIIᵉ, « le greffier de la haute justice de Caniel l'était encore de celle de Valmont, il en était même le tabellion, il demeurait à Cany et son greffe fut le dépôt commun des titres de l'une et de l'autre juridiction (2) », et il en apportait la preuve au moyen d'un certificat du greffier de la haute justice de Cany-Caniel, daté du 20 novembre 1776 (3).

Ce qui se dégage le plus nettement de cet exposé, c'est que, en admettant qu'il fût possible d'argumenter sur la portée des documents produits par le marquis de Cany, il avait au moins en sa faveur la preuve indiscutée d'une

(1) *Solution,...* p. 247.

(2) *Ibid.*, p. 248.

(3) Ce certificat pouvant mettre sur les traces de certains documents locaux, nous les reproduisons textuellement :

« Le greffier de la haute justice de Cany-Caniel atteste qu'il existe et dans les armoiries du greffe de ladite haute justice, plusieurs liasses de plumitifs, de minutes et d'actes notariés, appartenant à la haute justice et au tabillionnage de Valmont et Fauville, lesquels sont tant du dernier siècle que de celui-ci. En foi de quoi j'ai délivré le présent certificat à M. le bailli de Valmont pour lui servir et valoir à telle fin que de raison. A Cany, ce 20 novembre 1776. Signé, Saffray, avec paraphe.

possession paisible, continuée pendant près de trois quarts
de siècle.

Cette situation à elle seule devait suffire à lui faire
gagner son procès.

Notre ancien Coutumier, en son chapitre *des juris-
dictions et de court*, le reconnaît formellement, dans
les rapports de haut justicier à suzerain, bien moins favo-
rables à l'admission de ce principe, que dans ceux de
haut justicier à haut justicier. « Le duc de Normandie
... et si a le plet de l'espée si comme de roberie, de
meurtre, d'homicide, de trèves frainctes, de assault en
félonie, d'enquestes et de telles choses qui appartiennent
au plet de l'espée, excepté ceulx à qui les princes de
Normendie ont ottroyé à avoir la court de telz choses,
si comme il est apparoissant par chartre, *par longue
tenue*, par eschange, ou par aultre raison apperte (1). »

Louis le Hutin, dans la *Charte* aux Normands, pré-
cise ce que l'ancien Coutumier appelait *longue tenue*,
c'était la prescription de quarante ans.

« Item quod *quadragenaria præscriptio* cuilibet in
ducatu Normanniæ de cætero sufficiat pro titulo com-
petenti *sive totali altá aut bassá justitiá contendatur*,
sive de quacumque articulo ad altam aut bassam justi-
tiam, sive ad alteram earumdem quomodo libet per-
tineat... »

Notre ancien droit appliquait d'ailleurs ce principe à

(1) *Le Grand Coustumier du pays et duché de Normendie*.
Édit. de 1539, ch. LIII, p. LXXII, v°.

toute matière, il n'y avait d'exception que pour le droit
de patronage d'église.

Basnage, sur l'article XIII de la Coutume, confirme
l'influence de la possession, en matière de droit de haute
justice : « Le droit de haute justice peut donc être
prouvé ou par un titre, ou par *une longue possession :*
nam hujusmodi possessio vim habet tituli (1). »

Tout semblait donc se réunir pour faire confirmer le
marquis de Cany dans l'extension de sa haute justice
sur l'entier territoire des deux paroisses de Cany et de
Barville.

Mais nous eussions été fort embarrassés d'affirmer la
solution juridiquement proclamée, car jusqu'à la dernière heure nous ignorions l'époque à laquelle la déci-
sion avait été rendue, si les recherches que nous nous
décidâmes à faire dans les archives du Parlement, mises
gracieusement à notre disposition par M° Cullembourg,
greffier en chef de la Cour d'appel, ne nous avaient mis
en mesure de clore cet exposé par sa conclusion néces-
saire.

Nous terminerons donc par l'indication des diverses
phases judiciaires que le procès a traversées, et nous don-
nerons le texte de l'arrêt de la grand'chambre qui l'a
définitivement résolu.

VII

LES DÉCISIONS JUDICIAIRES

En première instance, l'affaire était venue devant le

(1) Rouen, Maury, 1709, 3ᵉ édit. p. 38.

juge royal à Cany. Le bailliage de Cany la trancha en faveur du prince de Monaco, par sentence en date du 26 mars 1774.

A cette date, le siège de Cany était occupé par M. Bradechal, lieutenant général civil, criminel et de police, Heuzé, premier conseiller assesseur, civil et criminel ; un second siège d'assesseur était vacant, suivant les indications de l'*Almanach de Normandie* de 1774 et de 1775, et le siège du ministère public était occupé par M. Cherfils qui cumulait les titres d'avocat et procureur du Roi.

Sa situation de bailly de Valmont dut le porter à se récuser ; mais on peut admettre que son influence ne fut pas étrangère à la solution donnée par le siège de Cany.

Le marquis de Cany interjeta immédiatement appel, et par une procédure dont nous nous rendons assez mal compte aujourd'hui, il présenta requête au Parlement et en obtint, à la date du 14 juin 1774, un arrêt qui, statuant par provision, lui adjugeait les fins de sa demande ; le dispositif s'en trouve reproduit dans l'arrêt définitif.

« La Cour, en lui accordant acte de ce qu'il prend le fait et cause de son procureur fiscal, lui accorde mandement pour assigner le procureur fiscal de la haute justice du duché d'Estouteville et tout autre qu'il appartiendra pour procéler sur l'appel de ladite sentence du 26 mars 1774, et cependant par provision sauf et sans préjudice de l'appel et du droit des parties, au principal renvoye la contestation d'entre les nommés Richard frères en la haute justice de Cany-Caniel pour y estre instruite et jugée sauf l'appel en la cour, fait deffenses aux parties de procéder ailleurs à peine de nullité, cassation de procédure et de tous dépens, dommages et interêts, fait pareillement deffenses aux juges de la haute justice du duché d'Estouteville de connoistre des procès des vassaux du fief de Cany-Barville, aux vassaux du fief de se pourvoir par devant autres juges que ceux de ladite haulte justice de Cany-Caniel, et à tous huissiers et sergents de les assigner ailleurs à peine de nullité. »

C'était, on le voit, la reproduction du dispositif de l'arrêt du 27 octobre 1675.

Le prince de Monaco se porta opposant à cet arrêt le 23 juin, et obtint, de son chef, un arrêt, également sur requête, le 1ᵉʳ juillet, auquel le marquis de Cany se portait opposant le même jour.

Ces différentes instances furent déclarées jointes par un arrêt du 20 décembre 1774, et les parties, de leur consentement, furent renvoyées devant deux conseillers, MM. de Doublemont et de Maisons (1), et le premier avocat général, M. de Grécourt, « pour estre réglées tant sur l'appel que sur les requestes respectives des parties ; et ce qui sera par eux arresté estre reçu au greffe par forme d'appointement, les parties réservées de leur consentement à donner préalablement chacun un mémoire de leurs moyens respectifs et chacun un escrit de response. »

(1) Robert-Pierre Rossignol, sʳ de Doublemont, était conseiller depuis 1734 ; Pierre-René Le Frère, sʳ de Maisons, était conseiller clerc depuis 1748 ; Louis-Anne Grente de Grécourt était premier avocat général depuis 1763.

Ce fut en exécution de cet arrêt que furent rédigés les imprimés qui ont servi à la rédaction de cette notice.

Malheureusement pour le prince de Monaco, ils ne parvinrent pas à ébranler la conviction des commissaires délégués ; ceux-ci déposèrent au greffe un projet d'arrêt tendant à l'infirmation de la sentence de Cany, et la seule modification qui fut apportée à l'arrêt sur requête du 14 juin, c'est que la juridiction de Cany-Caniel sur les resséants de Cany-Barville fut limitée aux paroisses « de Cany, de Barville et autres de la dépendance de la sergenterie de Cany », le prince de Monaco fut condamné à tous les dépens (1).

(1) Voici le texte du dispositif de l'arrêt :

« La Cour, oui le procureur du Roy, a reçu et reçoit l'arrêté des sieurs de Doublemont, de Maisons et de Grécourt et suivant icelui faisant droit sur la requête du 7 juillet 1774, a joint les oppositions, a reçu et reçoit le prince de Monaco oposant à l'exécution de l'arrest du 14 juin de la même année, faisant droit sur son opposition, a ordonné et ordonne que ledit arrest sera exécuté selon sa forme et teneur pour ce qui concerne les vassaux du f. de Cany-Barville resséant dans les paroisses de Cany, de Barville et autres de la dépendance de la sergenterie de Cany, faisant droit sur l'oposition du Mis de Cany a l'arrest du 1er juillet 1774 a raporté ledit arrest ; faisant droit sur l'apel de la sentence du 26 mars 1774, a mis et met l'apellation et ce dont est apel au néant, corrigeant et réformant a ordonné et ordonne que le litige d'entre les nommes Richard, ensemble l'action intentée contre le curé de Cany à la requête du procureur fiscal de la haute-justice de Cany-Canyel, seront instruites et jugées en ladite haute justice, a fait et fait deffenses aux juges de la haute justice du duché d'Etoutteville de connoître des procès des vassaux du fief de Cany Barville, en tant que de ceux qui sont resséants dans les paroisses de Cany, de Barville et autres de la dépendance de la sergenterie de Cany, et auxdits vassaux de se pourvoir ailleurs que par devant les juges de ladite haute justice de Cany-Canyel et a

C'est sur ce résultat, désormais définitif, que nous déposons la plume ; le marquis de Cany devait jouir en paix jusqu'à l'abolition des justices seigneuriales, par le décret d'août-novembre 1709, de son droit de juridiction sur les paroisses de Cany et de Barville.

tous huissiers et sergents de les assigner ailleurs à peine de nullité et de 500 l. d'amende, a condamné et condamne le prince de Monaco aux dépens desdites oppositions, ensemble à ceux des causes principales et d'appel. »